NOTICE NÉCROLOGIQUE

SUR

MONSIEUR MONBET

SUPÉRIEUR DU GRAND-SÉMINAIRE D'AUCH

PAR

M. L'ABBÉ H. MARQUET

CHANOINE HONORAIRE D'AUCH, DIRECTEUR AU GRAND-SÉMINAIRE

———

In fide et lenitate ipsius sanctum fecit illum. (ECCL. XLV, 4.)

———

Se vend au profit du Couvent de Jegun pour terminer l'Œuvre de Monsieur Monbet.
Envoyer les offrandes à Madame la Supérieure du Couvent de Jegun ou bien à Monsieur le Curé
du Saint-Puy.

AUCH

IMPRIMERIE AUSCITAINE, A. THIBAULT

———

1878

LETTRE-CIRCULAIRE

DE

MONSEIGNEUR L'ARCHEVÊQUE D'AUCH

AU CLERGÉ DE SON DIOCÈSE

A L'OCCASION DE

LA MORT DE M. L'ABBÉ MONBET

SUPÉRIEUR DU GRAND-SÉMINAIRE

MESSIEURS ET CHERS COLLABORATEURS,

Nous apprenons, bien loin de vous, la mort de notre bon et cher M. Monbet. Nous n'avions emporté en le quittant que quelques faibles lueurs d'espérance ; notre véritable espoir était dans la puissance et la bonté de Dieu ; vos prières, celles de tant d'âmes pieuses qui priaient avec vous, n'ont pas été exaucées : Dieu voulait récompenser son serviteur.

Les soins les plus assidus et les plus affectueux ne lui ont pas manqué ; tout le monde a rivalisé d'affection et de dévouement : les deux docteurs, les directeurs de la Maison, les jeunes élèves qui le veillaient jour et nuit, le serviteur qui avait si bien soigné M. Chevallier, et qui avait repris sa place d'honneur et de dévouement auprès du successeur et de l'ami de son ancien maître. Tout le monde a prié. On se questionnait tous les jours, dans les rues de la cité, comme pour un membre de la famille. Il était si aimé, si respecté, si vénéré ! Et il était si digne de l'être ! Quelle vertu profonde, quelle admirable candeur, quel esprit sacerdotal, quelle tenue à l'église et dans les prières ! Quel attachement aux plus saines doctrines, à tout ce que la sainte Église patronne et révère !

Quelle dévotion en particulier pour la divine Eucharistie ! Quel respect et quel amour pour Jésus-Hostie, comme il aimait à nommer le divin sacrement !

Je vous écris d'un monastère de Trappistes, où j'ai porté avec moi les tristes nouvelles qui m'ont appris les détails de sa sainte mort. Cette âme si pure, si élevée, si dévouée à tout ce qui est détachement, mortification, union profonde avec Dieu, avait rêvé la vocation des Trappistes et l'avait même essayée pendant quelque temps ; la faiblesse de son tempérament l'avait forcé à rentrer dans les rangs du clergé séculier ; mais il y avait dans ses traits, dans sa physionomie, dans sa tenue, quelque chose du recueillement profond des Trappistes, avec ce mélange de bonté et de douceur que donne la vie du siècle lorsque, comme notre regretté Supérieur, on y porte les impressions de la vie et des exemples du Sauveur.

Oh! combien d'âmes qu'il dirigeait avec tant d'onction et de piété vont regretter la perte de ses sages conseils et de sa douce direction!

Notre Clergé surtout le regrettera profondément.

Aidez-Nous de vos prières dans le choix que Nous avons à faire pour lui donner un successeur qui le fasse revivre et le continue, comme lui-même faisait revivre et continuait M. Chevallier, de sainte mémoire.

Voilà les hommes qui vous ont formés, nos Collaborateurs bien-aimés; à cette école de grandes vertus et de grands exemples vous avez puisé le bon esprit, le zèle sacerdotal, les pieuses habitudes qui vous distinguent.

Grâce à Dieu, notre Grand-Séminaire, sous de tels maîtres, est devenu une pépinière, et de jeunes lévites pleins de l'esprit des anciens du sacerdoce, et de directeurs qui gardent avec fidélité les traditions du dévouement et des fortes vertus du passé.

Quelle que soit notre légitime espérance dans le salut de cette âme si privilégiée du côté des dons de la grâce, Nous la recommandons à vos prières, à vos saints sacrifices et à vos pieux souvenirs devant Dieu.

Mardi soir, agenouillé près de la tombe du vénérable curé d'Ars, et mercredi matin à l'autel de sainte Philomène en offrant le divin sacrifice, Nous priions pour notre cher Supérieur, Nous voulions espérer encore. Le saint prêtre expirait en ce moment et allait au Ciel, Nous l'espérons, rejoindre le modèle sur lequel on aurait pu croire qu'il avait formé sa vie.

O mon Dieu! donnez-Nous toujours des Curés modèles, des Supérieurs hors ligne, par la science, le dévouement et la vertu! Mon Dieu! donnez-Nous de saints prêtres, pour qu'avec leurs secours Nous vous donnions de saintes âmes, des âmes reproduisant la douceur et l'humilité de votre fils Jésus! *Amen.*

Recevez, Messieurs et chers Coopérateurs, la nouvelle assurance de nos sentiments affectueux et dévoués en Notre-Seigneur.

† PIERRE-HENRI, Archevêque d'Auch.

Notre-Dame de la Trappe des Dombes, 28 juin 1878.

NOTICE NÉCROLOGIQUE

SUR

MONSIEUR MONBET

SUPÉRIEUR DU GRAND-SÉMINAIRE

La *Semaine* a promis de consacrer quelques pages à la mémoire de M. l'abbé Monbet, et tous ceux qui l'ont connu attendent ces pages avec impatience. Il faut bien tenir sa promesse; mais nous tremblons en prenant la plume. Plus nous étudions cette vie, si pleine et en même temps si cachée, plus nous voyons grandir les difficultés de la tâche. Sans doute, nous aurons des faits à raconter; mais l'histoire intime de l'âme pourrait seule nous révéler ce que fut l'homme, et cette histoire nous échappe presque tout entière.

Des mains pieuses, il est vrai, ont recueilli quelques lettres écrites par M. Monbet, et elles ont été mises à notre disposition avec une exquise bienveillance. Nous y puiserons largement, et peut-être réussirons-nous ainsi à fixer quelques traits. A défaut d'un portrait fini, puissions-nous offrir du moins une lointaine ressemblance !

I

C'est à Jegun que naquit M. l'abbé Monbet, le 25 novembre 1813, fête de sainte Catherine, l'illustre martyre d'Alexandrie. Il fut baptisé le même jour par M. l'abbé de Saint-Gresse, curé de la paroisse, et il reçut les noms de Marie-Charles-François.

Sa famille était des plus honorables. Son père, M. Jean Monbet, docteur en médecine, exerçait à Jegun depuis longues années les nobles fonctions de son art, et son dévouement et sa charité lui avaient acquis l'estime universelle. Sa mère, Madame Marie-Jeanne-Françoise Mauroux, dirigeait dans la même ville un pensionnat de demoiselles, et la salutaire influence qu'elle exerça persiste encore de nos jours.

C'est à Auch, d'où Madame Monbet était originaire, qu'en pleine Terreur, le 24 mars 1794, les deux époux reçurent la bénédiction nuptiale des mains de M. l'abbé Ducassé, l'un des plus courageux confesseurs de la Foi. Ils étaient dignes l'un de l'autre, et par la sincérité de leurs sentiments religieux et par l'élévation de leur caractère.

Aussi Dieu se plut-il à les bénir dans leurs enfants.

Charles fut le dernier. Sa naissance vint consoler son père et sa mère de la mort de leur aîné, Henri, qu'ils avaient perdu à l'âge de deux ans.

Les deux filles, Agathe et Elisa, qui devinrent plus tard, l'une Madame Sabatié et l'autre Madame Deffieux, eurent pour leur petit frère une tendre affection, que celui-ci leur rendit avec usure ; elle s'accrut avec l'âge et elle fut l'une des plus douces consolations de leur vie.

Nous n'avons presque aucun détail sur les premières années du jeune Charles. Néanmoins ses saillies et ses agaceries enfantines laissaient déjà soupçonner un esprit qui serait très-fin et un caractère très-agréable.

Sa digne mère se réserva les soins de la première éducation, et ce fut pour l'enfant une grâce inestimable. « Tout ce que je suis, — aimait-il à répéter bien souvent dans la suite, — je le dois à ma mère. »

Madame Monbet, en effet, était une femme supérieure. Intelligence d'élite, d'un sens rare, d'une piété ardente et éclairée, elle possédait éminemment le don de savoir élever les enfants. Quelques notes de retraite, écrites dans les dernières années de sa vie, nous ont permis de voir un peu dans cette âme, et nous ne craignons pas de dire qu'elle a ce cachet de race qui distingue Madame de Chantal et la mère de saint François de Sales. Le plan que, septuagénaire, elle se traçait pour l'éducation de sa petite-fille Marie nous apprend ce qu'elle dut faire pour son bien-aimé Charles.

Celui-ci répondit à des soins si délicats par des progrès de toute sorte, qui réjouissaient singulièrement le cœur de sa mère. En particulier, la piété de l'enfant avait quelque chose d'angélique.

A cette époque existait encore la déplorable coutume de retarder
outre mesure la première communion des enfants. Le jeune Charles
fut presque l'objet d'une faveur extraordinaire en étant appelé,
avant d'avoir atteint sa treizième année, à s'asseoir à la Table sainte.
Le jour choisi, et dont le souvenir ne s'est jamais effacé de son
cœur, fut le deuxième dimanche de juin de l'année 1826.

Charles portait intacte à sa première communion la robe d'inno-
cence qu'il avait reçue au baptême. Les sentiments de foi et de
crainte religieuse qui l'animaient en ce beau jour sont encore pré-
sents à l'esprit des témoins oculaires. L'un d'eux se rappelle
toujours, avec la même vive émotion, « que, la veille, le jeune
Charles se mit aux genoux de sa mère, devant tout le pensionnat
réuni, pour lui demander pardon de toutes les fautes qu'il avait à
se reprocher envers elle ».

Dès lors il n'était pas difficile de deviner vers quel but le poussait
le Seigneur. Charles Monbet se sentait porté vers le sacerdoce par
un attrait irrésistible, et tous ses efforts tendirent à l'acquisition des
grandes vertus qui devaient former en lui le bon prêtre.

Mais le docteur Monbet avait conçu d'autres desseins. Il rêvait de
se survivre dans son fils, en lui transmettant la position honorable
qu'il occupait à Jegun. Très-amoureux de son art, il voulait que
Charles se consacrât à la médecine.

C'est pourquoi il l'envoie au Collége d'Auch de préférence au
Petit-Séminaire, dont l'éducation et les solides études étaient
déjà, à cette époque, si hautement estimées des familles. Charles,
néanmoins, vint achever sa rhétorique dans ce dernier établissement.
L'année suivante, le 18 août 1830, il subissait avec succès devant la
Faculté des lettres de Toulouse les épreuves du baccalauréat. Son
diplôme de bachelier, que lui délivra le duc de Broglie, alors
ministre-secrétaire d'Etat au département de l'Instruction publique
et des Cultes, est contre-signé par M. Villemain et par M. Cousin.

II

Malgré ses instances, il ne put obtenir de son père la permission
d'entrer au Grand-Séminaire, et, avec une respectueuse déférence, il

se rendit à Toulouse. Mû par la seule pensée du devoir, il s'adonna tout entier aux études médicales : les succès ne lui firent pas défaut. Il eut pour maîtres et pour amis deux hommes arrivés depuis à la célébrité de la science, M. Viguerie et M. Dieulafoy.

Nous ne saurions trop regretter de manquer de renseignements précis sur cette période de sa vie. Les vagues souvenirs que nous avons pu consulter suffisent pour nous assurer qu'elle a été marquée par des vertus exceptionnelles. Son éducation et ses qualités extérieures lui fournissaient des moyens assurés pour réussir dans le monde. Son enjouement rendait son commerce fort aimable ; il avait le mot juste, piquant, spirituel ; il contait avec grâce ; sa repartie était fine, et, nous avons eu plus tard maintes fois l'occasion de le constater, si la charité la plus scrupuleuse n'avait toujours guidé sa pensée et sa langue, nul n'aurait su aiguiser et lancer à propos un trait plus sûr, plus acéré, plus mordant. Mais déjà il était maître de lui-même. Dès l'enfance il s'était accoutumé à dompter sa nature, et jusqu'à la fin il lui a tenu le frein si raide qu'elle n'a jamais pu regimber. En le voyant de près agir pendant plus de vingt-deux ans, nous nous sommes expliqué ce que l'on dit de saint François de Sales, que, né le plus violent des hommes, il en était devenu le plus doux.

Charles Monbet s'était proposé ce modèle, et il le reproduisait à la perfection. Sa piété n'avait rien de morose ; loin de là, elle était avenante, communicative, elle lui donnait accès près de tous pour les amener à Notre-Seigneur Jésus-Christ. Il avait pressenti l'œuvre admirable des Conférences de Saint-Vincent-de-Paul ; l'amour qu'il portait aux pauvres, il l'inspirait à ses condisciples de l'Ecole de médecine, et il en retira un grand nombre de la vie de café et de folles jouissances, où s'engloutissent tant de trésors de jeunesse et d'intelligence.

Il y avait près de trois ans qu'il s'occupait d'études médicales, lorsqu'un triste événement vint donner un tout autre cours à sa vie. Le docteur Monbet fut enlevé à l'affection des siens. A ses derniers moments, il éprouve le remords d'avoir contrarié la vocation de son fils et il recommande à son épouse de laisser sur ce point pleine liberté à Charles.

La pieuse mère, en annonçant à son fils bien-aimé la grande perte qui les frappait, put donc lui offrir la consolation de suivre désormais ce qu'il croyait être la volonté divine.

Charles n'hésite pas une minute. Il avait pris goût aux études de médecine, mais il rompt aussitôt avec elles et sollicite son admission au Grand-Séminaire de Toulouse; c'était, croyons-nous, dans le courant de l'année 1833. A la fin de l'année scolaire, ses camarades de l'Ecole de médecine lui apportèrent eux-mêmes au Séminaire les prix qu'il avait mérités.

Dès les premiers jours, ses éminentes vertus, malgré le voile épais dont sa modestie aimait à s'entourer, lui conquirent le respect et l'affection de ses maîtres et de ses condisciples. Le vénérable M. Vieusse le choisit pour son servant de messe, et les séminaristes le nommèrent préfet de la Congrégation. Une lettre que l'un de ces derniers, maintenant curé dans le diocèse de Toulouse, écrivait au lendemain de la mort de M. Monbet, porte encore, après quarante-deux ans, les traces de la vive impression que celui-ci produisit durant son séjour au Grand-Séminaire :

« ..... Au Grand-Séminaire, j'ai vécu avec le regretté défunt trois ou quatre ans.

» Tout ce que je puis vous dire, c'est que tout le temps que j'ai vu votre saint Supérieur, jamais il ne s'est démenti : toujours pieux, toujours charitable, d'une humilité à toute épreuve. Je me souviens, et je ne l'oublierai jamais, du compte-rendu qu'il fit de sa méditation devant toute la communauté. Il fit une coulpe, mais bien détaillée; il étonna tout le monde. Et le bon M. Monbet fit cela avec une simplicité admirable.

» Quant à moi, je l'aimais beaucoup. Savez-vous pourquoi ? C'est que lorsque j'entrai au Grand-Séminaire, lui ancien vint à moi pour me servir d'ange. Si j'avais quelque chose qui me fît de la peine, je lui en parlais en toute confiance. Il faisait très-souvent la sainte communion dans la semaine. C'était à côté de lui que j'aimais à la faire : il me semblait qu'il me communiquait un peu de son amour pour la divine Eucharistie.

» Vous savez que partout, même dans les séminaires et dans toutes les communautés, il y a les trois classes : 1° les bons enfants; 2° les tièdes; 3° les fervents. Eh bien! tous étaient d'accord pour dire que l'abbé Monbet était un saint, tant toute la communauté était persuadée de la solidité, de la franchise et de la simplicité de sa vertu.....

» ..... En ce temps-là, un diacre accompagnait toujours avec le prêtre les condamnés à mort au lieu de leur supplice, et M. Monbet fut chargé de cette triste mission, qu'il accomplit avec une charité consommée.

» Je me résume : l'abbé Monbet était regardé comme un saint au Grand-Séminaire de Toulouse, et par les directeurs et par tous ses condisciples. »

III

C'est à Toulouse que M. Monbet reçut tous les ordres jusqu'au diaconat inclusivement. Mais l'Archevêque d'Auch ne voulut pas que son diocèse fût privé d'un sujet si précieux, et il rappela le jeune diacre.

Un séminariste de l'époque, maintenant curé dans le Diocèse, nous écrivait ces jours-ci pour nous dire l'excellent effet que produisit la première apparition de M. Charles Monbet au Séminaire d'Auch. Sa tenue, à la fois si noble et si modeste, son amour et son intelligence des cérémonies saintes frappèrent tout le monde. Il prit part à l'ordination *extra tempora* qui se fit le 15 juillet 1838, sixième dimanche après la Pentecôte : le vénérable évêque de Bardstown, dans les Etats-Unis, Mgr Flajet, lui donna l'onction sacerdotale.

M. Monbet s'était si bien imprégné de l'esprit ecclésiastique, que le Supérieur et les Directeurs du Grand-Séminaire résolurent de se l'associer pour qu'il les aidât à la formation des jeunes clercs. A la rentrée des classes, sur la fin de l'année 1838, les élèves le trouvèrent chargé de la direction des cérémonies, et, quoiqu'il ait rempli des fonctions bien diverses dans la suite, il ne cessa jamais de s'occuper des études liturgiques ; il fut même pendant de très-nombreuses années professeur titulaire de liturgie.

Si tous les prêtres du Diocèse n'ont pas reçu ses leçons, tous l'ont vu à l'œuvre dans la direction des cérémonies religieuses, et nous n'avons pas à leur apprendre quelle perfection il apportait dans les fonctions sacrées. Il y avait dans ses mouvements une aisance grave et respectueuse : ni précipitation, ni lenteur, ni désinvolture, ni trouble et embarras. Les plus longues cérémonies et les plus compliquées ne le surprenaient jamais par un détail ignoré. Mais, sans qu'il y parût, avec quel soin il préparait tout à l'avance ! Il n'épargnait ni temps ni travail pour rédiger les notes qui devaient servir à guider chacun dans son rôle. Pour lui, il apparaissait comme l'ange du sanctuaire, veillant à tout et ne perdant jamais de vue la présence du Dieu trois fois saint, dont l'honneur et le culte lui étaient si chers. A lui, en très-grande partie, le Diocèse doit la beauté et la régularité qui caractérisent les offices de notre Métropole et de la plupart de nos églises.

On a pu sans exagération dire de M. Monbet qu'il était la règle vivante.

Toujours semblable à lui-même, il n'accordait rien à la fantaisie ou au caprice. Un règlement sévère, précis, détaillé prévoyait et fixait chaque chose dans sa journée, qui commençait à quatre heures du matin et se prolongeait jusqu'à dix heures du soir. Ce règlement, il le modifia suivant les exigences des temps et des devoirs nouveaux qui s'imposaient à lui ; nous en retrouvons plusieurs éditions : les différences mêmes d'un jour à l'autre y sont notées ; mais toutes accusent un grand esprit de foi et une mâle énergie. Il avait un objectif unique : développer en lui l'homme intérieur par l'imitation la plus parfaite de Notre-Seigneur Jésus-Christ.

Nous reproduisons l'un de ces règlements, qui se rapporte aux dernières années de sa vie :

4 h.   Lever.
4 h. 1/2 Réflexion, — disposer l'ordre de la journée, — prévoir tout.
4 h. 3/4 Chemin de la Croix.
5 h. 1/4 Prime du grand office et préparation de la méditation.
5 h. 1/2 Méditation.
6 h. 5'   Sainte messe et action de grâce.
7 h.   Préparation de ce qu'il y a à dire à la communauté, — déjeuner,
          — visite des malades.
8 h. 40' Départ pour l'office du chœur, — chapitre.
10 h. 1/4 Théologie.
11 h.   Ecriture sainte.
11 h. 3/4 Examen particulier.
12 h.   Dîner, — récréation avec la communauté.
1 h. 1/2 Chapelet avec la communauté, — courte visite au Saint-Sacrement.
2 h.   Préparation des instructions.
2 h. 3/4 Départ pour l'office du chœur, — vêpres et complies, suivies de
          matines et laudes.
4 h. 1/2 Préparation de ce qu'il faut dire à la communauté.
5 h. 1/4 Visite au Saint-Sacrement.
5 h. 1/2 Réception des séminaristes en direction.
7 h.   Lecture spirituelle, — souper, — récréation, — prière du
          soir, — visite au Saint-Sacrement, — visite des malades.
9 h. 1/2 Coucher.

Une vie si réglée n'assombrissait nullement son caractère. En cherchant à plaire de plus en plus à Dieu, il s'étudiait à la pratique de la plus cordiale charité envers le prochain. Bon, complaisant, il ne montrait pas même l'ombre d'une humeur. Il se prêtait volontiers aux petites réunions d'amis, et sa douce gaieté n'y ajoutait pas un charme médiocre. Dans toute l'acception du mot, il était un saint aimable; la sévérité qu'il exerçait envers lui-même n'avait d'autre résultat que de le rendre plus condescendant envers les autres.

Depuis l'année 1841 jusqu'à l'année 1853, il remplit les fonctions d'économe, ce qui ne l'empêcha pas de professer pendant plusieurs années l'histoire ecclésiastique.

IV

Déjà il était très-apprécié comme directeur des âmes. Non-seulement bon nombre de séminaristes, mais des communautés religieuses et une foule de personnes séculières avaient demandé comme une grâce de se placer sous sa conduite spirituelle. Un désintéressement absolu et un complet oubli de lui-même l'inspirèrent dans ce ministère si délicat et si redoutable : la gloire de Dieu et le bien des âmes l'occupaient uniquement. Il a eu affaire à des gens de toute sorte, appartenant à toutes les classes de la société, dont les besoins, comme le caractère, l'éducation, les qualités et les défauts, variaient à l'infini, et à tous il savait tenir le langage propre à leur situation et donner l'avis ou le conseil utile. Un temps arriva où, malgré la multiplicité de ses autres travaux, il eut à subir un véritable débordement : autour de son confessionnal, les pénitents se pressaient en foule à toutes les heures du jour et tous les jours de la semaine, et néanmoins il savait si bien se posséder, qu'aucun jamais ne put croire être importun. Il écoutait avec une bienveillance qui ouvrait les cœurs les plus fermés; jamais de brusquerie, mais une mansuétude inaltérable dans ses rapports avec les âmes. Il les traitait avec une respectueuse tendresse, prenant bien garde de ne pas substituer son esprit propre à l'esprit de Dieu, dont il s'étudiait scrupuleusement à distinguer les voies. Cela explique un défaut apparent d'initiative que l'on croyait surprendre en lui, mais qui n'était qu'un hommage à la liberté des consciences et à l'action souveraine de Dieu. On connaîtrait fort mal M. Monbet, si l'on s'imaginait qu'il portait la douceur jusqu'à la faiblesse. Quand les circonstances l'exigeaient, il n'hésitait pas devant un acte d'énergie : il savait mêler le vin à l'huile, et les âmes qu'il sentait capables de grandes vertus, il les poussait hardiment dans le chemin de la perfection.

Une personne qu'il affectionnait beaucoup, et qui lui avait donné sa confiance entière, écrasée sous le poids d'une grande affliction qui avait brisé son âme, ne sut pas d'abord se résigner à la volonté divine ; il y avait dans ses plaintes murmure et révolte contre la Providence. Voici dans quels termes lui écrivait M. Monbet :

« Qui êtes-vous, pauvre créature, pour citer Dieu au tribunal de votre pauvre raison et le sommer de répondre à la grave accusation de cruauté et d'injustice que vous osez soutenir contre lui ? O blasphème incroyable ! on ne l'entend même pas en enfer, où les malheureux réprouvés disent au contraire : *ergo erravimus :* donc nous nous sommes trompés ! Vous vous trompez, vous aussi, en vous élevant contre la justice de Dieu ; n'avez-vous jamais lu ces paroles écrites par le prophète, il y a près de trois mille ans : *Les jugements de Dieu sont vrais, ils se justifient par eux-mêmes ?* Vous n'y pensez donc pas ; mais nier la justice de Dieu, c'est nier Dieu lui-même ! La conséquence nécessaire, logique, inévitable de cette négation, est l'athéisme tout pur ; vous ne seriez pas plus dans le vrai, en disant il n'y a pas de Dieu, qu'en disant Dieu n'est pas juste !

. . . .

» Vous ne pouvez connaître Dieu que par l'humble soumission de la foi ; ayez donc une foi vive, qui ne se laisse ébranler par aucune épreuve, aucune tribulation ; ayez la foi, et vous connaîtrez Dieu et vous l'aimerez. Et si vous aimez, vous voilà sauvée ! D'où vient le malaise de votre cœur dans ce moment ? D'où viennent ses tortures ? C'est qu'un objet aimé lui a été ravi, et qu'il ne trouve plus à se reposer nulle part parce qu'il n'avait pas encore assez appris à se reposer en Dieu. Ainsi la colombe sortie de l'arche, trouvant tout enseveli sous les eaux, ne put reposer son pied sur la terre : que fit-elle alors ? Elle retourna vers l'arche, elle y rentra. Imitez-la, revenez à l'arche ; tout pour vous dans ce monde est enseveli sous les eaux d'un affreux déluge ; revenez au cœur de Jésus, votre arche, votre repos dans la tempête, votre salut ; aimez, et encore une fois vous voilà sauvée !..... »

Et le lendemain il ne craignit pas de refuser l'absolution à cette âme, et elle-même nous disait que cette sage sévérité l'avait ramenée au devoir.

Il n'entendait pas autrement que l'ont entendue les Saints la science de la sanctification. Il écrivait encore :

« Ce que je ne comprends pas, c'est que vous persistiez à trouver la croix au-dessus de vos forces, car le secours d'En-Haut n'est jamais refusé aux âmes qui le demandent avec ferveur et persévérance..... Vous vous tromperiez étrangement, si vous pensiez qu'on peut arriver au Ciel autrement que par la croix. J'ai connu intimement bien des âmes, depuis que je me suis dévoué à leur service ; j'ai pénétré dans le secret de bien des cœurs. Et partout j'ai trouvé la croix dressée comme un arbre de vie, répandant autour de lui la jeunesse et la fraîcheur. Les âmes m'ont semblé ne se conserver que par la croix, ne se détacher du monde et des créatures que par la croix, ne s'attacher à Dieu et ne monter au Ciel que par la croix. Ne refusez donc pas celle que l'Epoux divin vous a préparée dans sa divine tendresse ; tombez résignée et confiante au pied de cette croix ; clouez-y avec amour vos pieds, vos mains et surtout votre cœur. »

V

Quoiqu'il veillât sans cesse sur les mouvements de son cœur, il conservait à tous les siens, à sa mère particulièrement, à ses deux sœurs, à leur famille, une tendre affection. Avant tout et par-dessus tout, il était à Dieu et au devoir ; mais, dans les rares intervalles de repos que lui laissaient ses nombreuses occupations, il aimait à aller se rafraîchir dans la douce atmosphère de la famille. L'amour que lui portait sa pieuse mère tenait de la vénération ; elle avait voulu établir avec lui des rapports spirituels et lui confier les intérêts de son âme. Aussi, la seule pensée qu'elle pourrait être séparée de lui par une vocation religieuse lui donnait le frisson. Qu'on en juge par cette lettre qu'elle lui écrivait au moment où il se disposait à faire une longue retraite à la Trappe :

« Lajan, le 3 octobre 1850.

» Où es-tu en ce moment, mon bien-aimé fils ? Sans doute tu es arrivé à ce séjour de retraite et de pénitence qui n'est assurément pas fait pour toi. Tu aurais pu faire ta retraite bien plus près et avoir autant de recueillement ; tu m'aurais épargné bien des larmes et des souffrances. Je suis ici depuis dimanche. Rien ne peut me distraire, chaque jour me semble un siècle ; je ne puis supporter l'idée de te savoir si loin de moi ; je ne vis pas, je meurs à tous les instants du jour. Ah ! je t'en supplie, mon ami, abrége autant qu'il te sera possible une peine si cruelle. Dix jours de retraite te suffisent, et pourquoi en prendrais-tu davantage? Songe à moi, songe à me délivrer de cet accablement mortel où ton absence me plonge... Tu connais mon cœur, c'est le cœur d'une tendre mère, d'une mère âgée de soixante-treize ans : aie donc pitié de ma vieillesse, mon cher fils, et viens dans mes bras me faire oublier le refus que tu as fait de te rendre à mes désirs en renonçant à un voyage qui me causait tant de peines... »

Nul doute que M. Monbet ne songeât alors à exécuter le projet qu'il reprit plus tard; mais ces irrésistibles accents de l'amour maternel ne pouvaient trouver son âme sourde, et il ne crut pas avoir le droit de condamner à un mortel sacrifice une mère de soixante-treize ans. Il revint donc à Auch.

Dans ses relations avec sa famille se révèle en M. Monbet une délicatesse de sentiments que l'on soupçonnait, mais que les preuves mises sous nos yeux montrent dans tout son jour. Si nous ne craignions d'abuser des citations, nous reproduirions une lettre à sa petite-nièce Marie, enfant de dix ou onze ans : c'est un vrai chef-d'œuvre de grâce exquise.

Parfois il recourait, non sans succès, au langage de la poésie, et ses vers, comme tout ce qui vient de lui, sont marqués au coin du meilleur goût. Ils ont une fraîcheur d'allure qui décèle une suave inspiration. La vue de son petit-neveu François, qui s'éveille entre les bras de sa mère, lui donne l'idée d'une gracieuse idylle, que nous trouvons écrite au crayon sur un feuillet de papier, et qui plairait aux plus délicats si nous pouvions la reproduire. Mais ce ne sera pas l'unique sacrifice auquel nous condamnera le cadre restreint où nous sommes forcés de nous renfermer.

VI

Le 7 août 1851, le vénérable Archevêque d'Auch, Mgr de La Croix d'Azolette, voulut donner une preuve de sa haute estime à l'humble Directeur de son Grand-Séminaire, et il le nomma chanoine honoraire de l'église métropolitaine. Mais presque dans le même temps, le cœur de M. Monbet fut soumis à une dure épreuve : sa bien-aimée mère tomba dangereusement malade. Ce n'était qu'à la dérobée qu'il pouvait se transporter auprès de ce lit de souffrances, où la chère malade aurait voulu le retenir toujours. Mais son cœur ne s'en séparait pas, et quelques lettres que nous avons sous les yeux nous peignent ses angoisses. En écrivant à sa mère, sa tendre affection savait mesurer son langage à la noblesse des sentiments qui animaient cette âme si chrétienne :

> « Auch, le 8 décembre 1851.

» J'apprends avec grande peine, ma bien chère maman, que vos souffrances, vos crises se sont représentées, et que vos nuits, vos journées se passent assez mal. Que faire à cela ? Se soumettre, et c'est ce que vous ne manquez certes pas de faire... Dieu le veut, il saura bien récompenser toutes vos souffrances. Un verre d'eau froide donné en son nom ne restera pas sans récompense : que ne devez-vous pas attendre de tant de jours et de nuits passés sur la croix du Sauveur ! C'est le creuset qui vous épure, pour vous rendre digne des joies éternelles... Un ange écrit en lettres d'or dans le livre de vie chacune de vos souffrances, chacun de vos sacrifices... Je souffre beaucoup de vous voir souffrir, et cependant ma foi me fait bénir et remercier Dieu de vos souffrances. Elles seront les plus belles pages de votre vie, elles deviendront le plus bel ornement de votre immortelle couronne. Courage donc ! encore courage ! Qu'aucune impatience ne vienne vous ravir le moindre de vos mérites... Ne craignons pas la mort, qui est pour le chrétien le commencement de la vie. Toutefois, j'espère que Dieu vous laissera encore quelques années au milieu de nous, peut-être martyre de la souffrance, mais aussi modèle à imiter. Nous avions sans doute besoin que vous ajoutiez cette leçon à toutes celles que vous n'avez cessé de nous donner, pour le bien de nos âmes. Que ne puis-je être sans interruption auprès de vous pour les recueillir à tout instant, et apprendre à souffrir !...

» Tout est tranquille à Auch, à présent. Des troupes sont arrivées de Toulouse, l'ordre ne sera plus troublé. Adieu, bien chère mère, adieu ! Tout à vous de cœur ! »

La dernière phrase est une allusion aux malheureux événements de Décembre, pendant lesquels il fit preuve d'un grand sang-froid et d'un rare courage. Il retournait de Jegun à Auch, le jour même où les campagnes, soulevées par un mot d'ordre des clubs révolutionnaires, marchaient sur le chef-lieu. Il tomba au milieu des bandes insurgées, qui lui refusèrent absolument le passage, sans pourtant lui faire subir d'autre avanie. Les désastres qui menacent la ville, si l'autorité centrale n'est pas avertie du danger, frappent M. Monbet, et sans songer au péril auquel il s'expose lui-même, il n'a d'autre pensée que de donner l'éveil au général commandant. Il revient sur ses pas et gagne, à travers champs, la métairie du

Bouscassé, alors propriété du Séminaire. Il s'affuble d'un grand manteau, d'un berret, et, ainsi déguisé en paysan, il s'aventure par des sentiers détournés et réussit enfin à pénétrer en ville. Mais ce n'est pas sans peine qu'il arrive jusqu'au général, qui, en le reconnaissant et en entendant ses avis, le remercia avec effusion de son utile et si hardie intervention. Le sang coula, il est vrai; mais, si aucune précaution n'avait pu être prise, n'aurait-on pas eu à déplorer de plus grands malheurs encore?

Le terrible sacrifice que M. Monbet redoutait se présenta à lui peu de temps après : il eut l'immense douleur de voir mourir sa mère. Mais, consolation ineffable pour le cœur du fils et pour le cœur de la mère! lui-même assista à son heure suprême, et de sa bénédiction sacerdotale il introduisit dans la terre des vivants celle qui lui avait donné le jour !

VII

Le lien qui le retenait dans le monde paraissait rompu. La vie du Séminaire, si tranquille, si pieuse, si recueillie, ne suffisait pas à son besoin de perfection intérieure. Depuis longtemps il croyait entendre au fond de son cœur l'appel qui avait retiré le Père des croyants de la terre de Chaldée : « Sors de ta patrie, et de ta parenté, et de la maison de ton père, et viens dans la terre que je te montrerai. » Cette terre bénie, il croyait l'entrevoir dans un couvent de Trappistes, car il lui fallait la solitude, le silence absolu de la créature, la prière continuelle, le sacrifice complet.

Après avoir mûrement réfléchi et humblement consulté ceux qui tenaient près de lui la place de Dieu, il quitta le Séminaire au commencement du mois d'août 1853. Son ange le dirigea vers la Trappe de Notre-Dame des Neiges, pour vivre sous l'obéissance d'un ami de cœur, son parent, le R. P. Dom Gabriel, qui bientôt fut revêtu de la dignité abbatiale. Entre ces deux hommes existaient déjà les liens si forts qui unissaient jadis Basile de Césarée à Grégoire de Nazianze.

Ce départ subit produisit le deuil, non-seulement dans la famille de M. Monbet, chez ses confrères du Séminaire et parmi les séminaristes, mais encore dans tout le clergé du Diocèse. Les témoignages non équivoques de ces regrets unanimes le poursuivirent jusque dans sa solitude : il n'est pas difficile d'en retrouver les traces dans les lettres qu'il écrivit de la Trappe. L'une d'elles, adressée à sa tante qu'il aimait comme sa seconde mère, nous fait connaître dans quel esprit il commençait sa nouvelle vie :

« Notre-Dame des Neiges, 30 août 1853.

» Ma bien chère tante,

» Il me tardait d'avoir de vos nouvelles par vous-même ; je vous remercie de ne m'avoir pas fait attendre longtemps. Il m'était pénible de vous savoir toujours dans cet état de profonde affliction où je vous laissai, et qui durait encore quand vous eûtes la bonté de me faire écrire par M. C... Il paraît bien que vous êtes encore dans la peine, mais je crois pourtant qu'il y a chez vous plus de calme et de résignation. Allons, chère tante, du courage ! Le bon Maître a voulu nous ménager à tous cette épreuve, tâchons de la faire servir à notre sanctification et à notre perfection. Je ne suis pas venu ici pour me suicider, il s'en faut bien, et, comme je vous l'ai promis avant de partir, si je ne puis supporter les austérités de Notre-Dame des Neiges, j'irai reprendre à Auch de bon cœur les travaux que Dieu voudra. Vous voyez que je ne suis pas un obstiné, à qui l'on ne peut faire entendre raison. Au reste, ma bien chère tante, il faut bien vous garder de croire à tout ce qu'on dit sur le bien que je ferais ou que j'aurais pu faire encore dans les œuvres d'un zèle actif. Et, mon Dieu ! s'il se faisait quelque bien, vous savez que ce n'est pas moi qui le faisais, mais bien Dieu lui-même, et pour moi, je sais parfaitement que je ne pourrais être qu'un obstacle au bien, ou plutôt un fort mauvais instrument entre les mains de Dieu, et qu'il a été bien aise de mettre de côté pour en prendre un autre qui lui servira mieux pour la grande œuvre de la sanctification des âmes. Quoi qu'il en soit, s'il veut encore de moi pour quelque chose, il me le fera connaître, j'en ai la confiance, et je suis tout prêt à lui obéir. Attendons, vous et moi, ma chère tante, avec calme, résignation et patience, surtout redoublons nos prières ; et à ce sujet, je suis bien aise de vous dire que j'ai demandé une neuvaine aux saintes Carmélites avant la fête de Notre-Dame d'Auch ; elle devra se terminer le dimanche qui suivra le 8 septembre ; je vous prie de vouloir bien vous y unir ; priez avec ferveur pour moi, et demandez à Dieu qu'il ne m'arrive jamais de contrarier ses desseins. De mon côté, je vous promets de ne jamais vous oublier, ni vous ni toute votre famille, à laquelle vous savez bien que je suis affectionné et tout dévoué.

» Je suis bien aise qu'on ait gardé le silence à l'égard de la pauvre E... ; j'espère qu'on l'aura préparée peu à peu à recevoir la nouvelle de mon départ. Je connais sa sensibilité, elle a bien besoin qu'on la ménage, surtout dans l'état de souffrance et presque d'infirmité où elle est. J'ai reçu plusieurs lettres, aucune ne me dit précisément comment elle se trouve, si ce n'est M. C..., qui en avait eu des nouvelles, mais un peu vagues, par Jules M...

» J'apprends avec plaisir que vous vous décidez à aller à la campagne ; prenez-y de la distraction tant que vous pourrez, il ne vous en manquera pas. Mme C..., A..., M... s'y feront à quatre pour vous en procurer. Et puis la petite S..., qui doit rendre N... plus vivant encore ; il me semble voir toute la maison occupée d'elle du matin au soir, et sa chère maman s'en occupant encore du soir jusqu'au matin. Tout cela vous distraira, vous obligera de donner maint et maint avis que vous suggèrera votre vieille expérience. Restez à N... tant que vous pourrez. C'est là, j'en ai la confiance, que vous arrivera ma lettre ; puisse-t-elle vous calmer un peu, vous donner quelque joie. S'il ne fallait prendre qu'une discipline de plus, même deux, trois, etc..., ce serait de bon cœur, je vous l'assure.

» J'ai appris à la Trappe de nouvelles choses, et très-utiles. On m'a fait couper les blés ou plutôt les seigles et l'avoine ; je vous surprendrais bien si je vous disais qu'on a remarqué mon habileté, mon adresse. En voulez-vous une preuve ? La seconde ou la troisième fois, ma faucille mal dirigée, au lieu de s'adresser aux brins de paille que je tenais à ma main gauche, a été labourer ou plutôt scier le dos de mon pauvre petit doigt ; la blessure fut large, assez profonde, donnant beaucoup de sang, et pourtant elle a guéri comme par enchantement, et sans presque que j'y fisse attention. La première fois que je mis mes sabots de paysan, ils firent naître une grosse ampoule, qui me fit bien craindre la répétition de ce qui m'était arrivé cette année après un voyage fait à Toulouse. Point du tout, c'est passé, il n'en reste plus rien, et je mets tous les jours mes grossiers sabots.

» Vous désirez savoir les heures de nos prières, et vous voudriez vous unir à moi dans ces moments ; il faudrait pour cela que je vous transcrive notre règlement. Je me contente de vous dire que de deux heures du matin à cinq heures et demie et six heures, je suis ou en méditation, ou à la récitation du saint office, ou à dire la sainte messe. Quelquefois, au lieu de nous lever à deux heures, c'est à une heure après minuit que nous descendons au chœur ; cette nuit dernière, nous avons célébré l'office à minuit. Cela dépend de la solennité des fêtes que nous célébrons. Mais nous ne sortons pas pour cela plus tôt du chœur. L'office est chanté plus solennellement et se prolonge beaucoup plus les dimanches et les grandes fêtes ; voilà pourquoi on se lève de meilleure heure, afin de terminer toujours à peu près tous les jours aux mêmes heures.

» Nous revenons à diverses reprises dans la journée chanter les louanges de Dieu et réciter les diverses heures de notre office. A sept heures du soir, un quart d'heure de lecture, et puis complies, et puis le *Salve Regina* jusqu'à huit heures, que nous allons nous coucher.

» Si cela pouvait vous aller, ma chère tante, et que vous eussiez envie de vous faire Trappistine, vous n'auriez qu'à m'écrire un mot, je vous ferais proposer à Maubec, pas très-loin d'ici ; et nous aurions à peu près les mêmes exercices de piété et les mêmes prières à faire ; mais vous n'iriez pas couper les blés et lier les gerbes, et les porter sur le dos comme moi. C'est pourtant beaucoup trop vous parler de moi ; je me serais bien gardé d'en dire tant, si je n'avais pensé vous égayer et vous faire plaisir. Je suis sûr que vous en rirez plus d'une fois au salon de N..., avec A... et M..., même M. C... et M. B..., s'il y est. Mme C... sera toujours celle qui rira le moins. Mais le curé de P... ne l'imitera pas, et il saura bien rire et dire son mot, tout en jetant ses dés de trictrac.

» Parlons de choses plus sérieuses, et il s'en va temps, mon papier s'achève. Vous n'avez aucune prière à réciter à l'occasion des objets de dévotion que je vous ai envoyés de Font-Romeu. On les porte avec respect et confiance, voilà tout, et l'on guérit. Ainsi, par exemple, portez pendant huit jours la ceinture ou ruban, et vous serez guérie de votre tristesse. Mes compliments à tout le monde à N..., sans oublier E... et J...; pauvres enfants, les voilà bienheureux, surtout E..., qui ne va plus vous quitter peut-être ; autant à Eug...

» Pour vos vivacités, ma chère tante, ce sont des premiers mouvements dont vous n'êtes pas toujours maîtresse, je vous l'ai dit bien des fois. Ne manquez pas de veiller sur vous, de faire des efforts pour vous corriger, et puis tenez-vous tranquille ; mais ne laissez pas pour cela la sainte communion, comme vous l'avez fait mercredi dernier : c'est une très-mauvaise pratique. Allez, au contraire, avec confiance à Notre-Seigneur, qui était doux et humble de cœur, et demandez-lui pour vous une part à sa patience, douceur et mansuétude, qui ravissait tous les hommes qui avaient le bonheur de l'approcher. Par la communion, vous vous approchez de lui autant que jamais personne ne le fit ; soyez aussi ravie de la tendresse, de la bonté, de la douceur de ce bon Jésus, et prenez la résolution de l'imiter.

» Le malade pour lequel je vous avais demandé de la toile de mai n'en avait plus besoin quand je partis d'Auch ; soyez sans inquiétude à cet égard. J'ai été bien sensible aux respects *présumés et interprétés* de J... et de F... ; je connais bien ces bonnes filles, je présume et j'interprète bien leurs sentiments comme vous : faites-leur tous mes compliments sans les interpréter.

» Adieu, ma bonne tante ; je voulais écrire à M. C... et répondre à sa charmante et gracieuse et bienveillante lettre ; il m'excusera, je n'en ai pas le temps, et puis je crains qu'on ne me trouve trop écrivassier pour un postulant. Adieu en Notre-Seigneur Jésus-Christ.

» Monbet. »

L'âme de M. Monbet se trouvait dans son élément, et nous savons qu'il était pour tous ses frères le sujet d'une grande édification. Mais le rude climat de Notre-Dame-des-Neiges, joint aux austérités si grandes de la règle, ne tarda pas à compromettre sérieusement sa santé : il perdit les cheveux et les ongles, et il fut réduit à un tel état de maigreur, qu'au nom de Dieu on lui déclara qu'il devait renoncer à un genre de vie au-dessus de ses forces. Sa peine fut extrême; mais il avait si bien contracté l'habitude de conformer sa volonté à la volonté divine qu'il triompha vaillamment de l'épreuve.

Du reste, il alla chercher une consolation près du tombeau des saints Apôtres, et il partit pour Rome dans les premiers jours de janvier 1854. Son séjour en Italie dura près de six mois, et il en visita les principales villes : Gênes, Florence, Pise, Naples, etc., voyageant en caravane et jouissant des magnifiques sites qu'offre cette terre bénie du Ciel. Son esprit cultivé et naturellement ouvert à toutes les belles choses éprouva de bien douces émotions, dont il se plaisait à évoquer plus tard le souvenir.

Quelques notes, hélas! trop concises, nous prouvent que rien de ce qui pouvait intéresser la piété, la science ou les arts ne passait inaperçu. Si les monuments de la civilisation et de la foi chrétiennes l'attiraient de préférence, les restes grandioses de l'époque païenne et de la puissance romaine piquaient vivement encore son intelligente curiosité et lui fournissaient un intéressant sujet d'études. Il eut à Rome de nombreuses relations avec grand nombre de personnages, mêlés activement aux affaires du gouvernement politique ou de l'administration ecclésiastique, et la haute idée qu'il avait déjà de la sagesse et du tact que l'Eglise apporte dans le maniement des hommes et des choses, et de la sûreté de vue avec laquelle elle juge les événements, ne fit que s'accroître.

Dans un ordre d'idées plus modeste, une conversation qu'il entendit chez Mgr l'Evêque d'Ajaccio flatta beaucoup son amour-propre diocésain : c'était une appréciation autorisée du Concile provincial d'Auch, auquel il avait pris part comme maître des cérémonies. Nous la retrouvons très-succinctement résumée, et nous ne savons pas nous priver du plaisir de la citer : « Opinion à Rome sur le Concile d'Auch, sur sa rédaction surtout; c'est le mieux rédigé des Conciles de France, et c'est un Cardinal qui l'a dit à Monseigneur d'Ajaccio. » — Nous pouvons ajouter que les Pères du Concile d'Auch eurent encore le noble mérite d'affirmer hautement l'indépendance de l'Eglise : ils furent les premiers en France qui osèrent s'assembler sans se soumettre à l'autorisation préalable du gouvernement.

M. Monbet était fait pour comprendre Rome, et il la comprit dans toute sa merveilleuse beauté. Il eut plusieurs fois le bonheur de s'agenouiller aux pieds de l'immortel Pie IX et d'assister aux grandes fêtes de la Béatification de sainte Germaine de Pibrac. Il ne quitta pas l'Italie sans visiter, en pèlerin, d'abord les sept Basiliques de Rome, et ensuite Lorette, Assise, l'Alverne, Subiaco, le Mont-Cassin, etc.

Mais il dut enfin s'arracher à cette terre privilégiée entre toutes, et dans le mois de juin 1854 il arrivait à Auch, où son retour causa une joie non moins grande qu'avait été profonde la douleur de son départ.

Il reprit humblement sa place au Grand-Séminaire. Son vieil ami, M. l'abbé Darré, fut appelé à Aire en qualité de vicaire général de Mgr Lanneluc, et M. Monbet lui succéda dans la direction de la Communauté et dans la chaire de théologie dogmatique. De nouveau il dut faire violence à ses goûts de retraite pour donner satisfaction aux besoins spirituels d'une foule d'âmes que sa charité n'avait pas le courage de repousser.

Bientôt après, le Diocèse d'Auch perdit son saint Archevêque, Mgr de La Croix d'Azolette, que la délicatesse de sa conscience détermina à une démission certainement prématurée. Mais la divine Providence envoya pour lui succéder un Prélat éminent; et, quoique Mgr de Salinis arrivât dans son nouveau diocèse avec une santé ruinée, il accomplit durant son épiscopat de six ans des œuvres impérissables. Il sut apprécier le mérite de M. Monbet, et, entre le grand Evêque et l'humble prêtre, se forma une douce liaison dont la rupture, que causa la mort, eut un violent contre-coup dans l'âme de ce dernier. Une personne qui a bien connu M. Monbet nous racontait qu'elle le vit, à la mort de Mgr de Salinis, comme écrasé sous le poids de la douleur.

Pas une grande cérémonie religieuse ne s'accomplissait dans le Diocèse sans que M. Monbet en fût, pour ainsi dire, la cheville ouvrière. Ceux qui ont assisté aux incomparables fêtes de la Translation des Reliques de saint Clair à Lectoure avoueront sans peine qu'il avait le génie de l'organisation. Tout doucement il mettait l'ordre, et un ordre admirable, dans ce qui paraissait un chaos inextricable. Mais ce qui étonne beaucoup plus, c'est que, dans ces moments où les plus aguerris perdent le sang-froid, on l'aurait cru tranquillement occupé de l'oraison et ravi en la présence de Dieu. On ne le vit que huit jours à Lectoure : ce fut assez pour qu'on le surnommât le Saint.

Sous l'épiscopat de Mgr de Salinis, il avait quitté la chaire de dogme pour reprendre la chaire d'histoire, et de nouveau il occupa cette chaire pendant cinq ans.

VIII

L'excellent Mgr Delamare, qui remplaça Mgr de Salinis, n'accorda à M. Monbet ni une moindre estime ni une moindre confiance. Il l'appela à s'occuper d'une manière plus spéciale encore de tout ce qui regardait le culte, et, avec le titre de vicaire de chœur, il lui donna le soin de l'administration temporelle de l'église métropolitaine. Ces fonctions étaient fort délicates; sans attributions bien délimitées, elles créaient tant de points de contact qu'il devenait presque impossible d'éviter certains froissements; mais l'humble prêtre sut les remplir avec un tact si exquis, qu'il vécut dans une sympathique harmonie même avec ceux qui avaient à souffrir de cette situation équivoque. La malveillance n'osa l'attaquer, et, si nous parlons de la critique dont il fut quelque temps l'objet, c'est pour rappeler qu'elle se produisit sous la forme d'une courtoise plaisanterie, à laquelle il répondit avec une grâce parfaite. Il y eut tournoi poétique. La verve modeste de M. Monbet sut, par l'urbanité de sa fine défense, mettre les rieurs de son côté. Voici dans quels termes il s'avouait vaincu : il s'adresse à son bouillant adversaire, dont les vers abondants sentent la fougue de la chaire :

AU MISSIONNAIRE-POÈTE

L'AMI RECONNAISSANT

> *Omnia tempus habent... tempus tacendi et tempus loquendi... tempus belli et tempus pacis.* (ECCL., 3.)

Cher ami, c'est assez ! La victoire est à toi !
Dans ce plaisant duel engagé malgré moi,

J'ai relevé le gant, je sais ce qu'il m'en coûte.
C'est assez ! Poursuivons notre commune route ;
Et tous deux, bras à bras, et surtout cœur à cœur,
Cheminons bons amis vers l'éternel bonheur.
J'ai goûté les leçons de ta voix poétique ;
Et ton ange a si bien modulé son cantique,
Que, ravi de ses chants, je quitte le tournoi.
Adieu donc ! A l'autel un *memento* pour moi.

L'ami dévoué du Missionnaire.

Auch, 1ᵉʳ avril 1864.

Nous l'avons déjà dit : il avait un talent naturel pour exprimer ses idées dans la langue de la poésie. Une maison d'éducation, fort estimée dans la ville, écoutait l'an dernier avec ravissement un discours en vers qu'il adressait aux jeunes filles, à l'occasion d'une exposition d'ouvrages manuels qu'il présidait. Pourquoi n'en donnerions-nous pas quelques extraits? Après avoir proclamé la loi du travail manuel, il se demande si la femme en est exempte, et il trace ce portrait de la femme oisive :

. . . .

Mais la femme au travail est-elle aussi soumise?
Nul doute, mes enfants. Quoi! mollement assise
Ou bien la tête au vent, elle aurait ici-bas
Le droit de ne rien faire et de croiser ses bras?
Une fois échappée aux soucis de l'école,
Elle aurait des loisirs le triste monopole?
Ou bien, mélancolique, elle emploierait son temps
Tour à tour à rêver ou lire des romans?
Sa seule fonction serait à la toilette,
A soigner ses cheveux, à parfumer sa tête
    Et, mille fois le jour,
A consulter la glace et placer un atour?
A faire de son corps une honteuse idole?
Non, non! chères enfants, croyez à ma parole :
Non, n'abusez jamais des dons si précieux
Que vous fit le Seigneur, pour vous si généreux.
Filles d'Eve, au travail consacrez vos années ;
Heureuses serez-vous, si toutes vos journées
Sont riches de travaux, de devoirs accomplis ;
Gardez-vous d'en jamais méconnaître le prix !

Il continue en traçant le portrait de la femme forte :

Mais, pour mieux du travail connaître la noblesse,
Ecoutez, mes enfants, la divine Sagesse :
J'ai vu la femme forte, écrivait Samuel ;
Rien de plus précieux n'a paru sous le ciel ;
Le cœur qui l'a trouvée en elle se confie,
Elle est tout son bonheur, sa richesse et sa vie.
Qu'il est beau de la voir, quand encore il fait nuit,
Vaillamment, le matin, tout disposer sans bruit,
Et dès que du soleil a paru la lumière,
Après avoir au Ciel fait monter sa prière,
A toute sa maison, même à ses serviteurs,
Prodiguer tous ses soins, animer tous les cœurs !
Mais la voilà déjà, matinale ouvrière,
A la peine, au travail, s'avançant la première.
Sa diligente main fait bondir le fuseau,
Et le lin se déroule en un produit nouveau ;
Ou l'aiguille, en ses doigts, parcourt d'un pas agile
Les sentiers sinueux d'une trame docile.
Parfois sa main saisit l'aiguille à tricoter,
Et l'on voit aussitôt tous ses doigts s'agiter,
Aller et revenir, et revenir encore,
Prenant et reprenant un fil qu'elle dévore.
Mais le temps est rapide, et bientôt le jour fuit ;
Sa lampe brûle alors bien avant dans la nuit.
Du travail de ses mains sa demeure enrichie
Voit s'étaler partout l'or pur, la broderie.
Elle-même revêt la pourpre, le fin lin,
Soulage l'indigent et nourrit l'orphelin.
Et quand revient l'hiver avec sa froide neige,
Prévoyante, attentive, elle couvre et protége
D'un double vêtement sa domesticité.
Rien n'échappe à ses soins, rien à sa charité ;
Toujours à son devoir, exempte de faiblesse,
Elle obéit sans peine aux lois de la sagesse ;
Avant tout, elle adore, elle craint le Seigneur.
Pour elle, la beauté n'a que peu de valeur ;
Elle veut l'oublier, et toute à sa famille,
A ses nombreux enfants, à son fils, à sa fille,
De tous ces cœurs chéris l'amour et le soutien,
Elle inspire à chacun le goût, l'amour du bien.
Son époux, ses enfants l'ont bénie et louée,
Et tous dans la cité l'ont partout acclamée.
Ainsi la femme forte est fidèle au devoir,
Heureuse en sa jeunesse, heureuse au dernier soir !

On a pu le comprendre, les journées de M. Monbet étaient des journées pleines : l'unique récréation qu'il s'accordait aurait constitué pour tout autre une étude sérieuse; il revenait, en guise de délassement, aux études médicales, qu'il ne laissa jamais complétement et pour lesquelles il semblait doué d'une véritable intuition. Les nouvelles théories l'intéressaient grandement, et il suivait avec sympathie les louables efforts que l'école homœopathique tente, non sans succès, pour la rénovation de la science. Quelques maîtres illustres l'honoraient de leur amitié; il aimait surtout en eux l'horreur du matérialisme, l'esprit chrétien qui les animait et leur constante préoccupation de se rapprocher de la nature. Mais il n'était pas sectaire, et il rendait volontiers justice à la science partout où il la rencontrait.

La visite des malades rentrait dans les habitudes de sa vie journalière. Nul, parmi ses confrères ou parmi les séminaristes, n'éprouva une indisposition, même légère, sans qu'il vît accourir aussitôt M. Monbet. Près des malades, il donnait libre carrière à son cœur, et sa présence, ses paroles produisaient un effet au moins aussi efficace que les meilleurs remèdes.

Il aimait tendrement les pauvres. Voici comme il parlait d'eux à une personne qu'il dirigeait : « Vous devez aimer les pauvres, malgré leur ingratitude, et le moyen pour cela est de voir en eux Jésus-Christ. Seraient-ils tous des ingrats, — ce qui est faux, — rien n'empêche notre foi de considérer la charité comme une sorte de sacrement sous lequel repose Jésus-Christ. Ne nous dit-il pas que tout ce que nous ferons pour le plus petit de nos frères, c'est pour lui que nous le faisons? Surmontez donc vos répugnances à leur endroit et assistez-les vous-même corporellement et spirituellement. »

Il joignait l'exemple au conseil, et, si sa main gauche ignora toujours ce que fit sa main droite, les anges du Ciel ont tenu compte des abondantes aumônes qu'il répandait autour de lui. Il savait par expérience que l'aumône n'appauvrit pas. Un jour, un père de famille vient en pleurant lui exposer sa misère : le terme était échu, et le pauvre homme n'avait pas un centime pour payer son loyer. M. Monbet n'hésite pas et il lui remet cinquante francs : c'était toute sa fortune. « Mais, quelques instants après, — racontait-il dans l'intimité, — une lettre chargée m'arrivait et m'apportait une somme assez ronde. »

Malgré le soin qu'il avait de cacher ses bonnes œuvres, quelques-unes apparaissent au grand jour. Sa ville natale n'oubliera pas les généreux sacrifices qu'il s'imposa pour transformer sa maison paternelle en un établissement de Sœurs de la Sainte-Famille, qui est pour toute la contrée une source inépuisable de bénédictions.

IX

Néanmoins les rapports avec le monde lui devenaient de plus en plus insupportables. Sans doute, il n'aspirait plus à la vie religieuse, mais il désirait ardemment se réserver un temps de retraite pour se préparer à la mort. Il s'arrache donc une seconde fois aux affections qui l'entourent, bien résolu à s'ensevelir à la Trappe jusqu'à la fin de sa vie. Il choisit l'abbaye d'Aiguebelle et il y obtient son admission comme pensionnaire. Il partit au commencement d'octobre 1868, et le 23 il écrivait à son neveu :

« Voilà déjà quinze jours que je suis à Aiguebelle, et mes intentions n'ont pas changé. J'écris donc à Monseigneur pour lui renouveler ma demande, et je compte recevoir sans retard son autorisation définitive... Je suis installé dans le quartier des pensionnaires, où je vis plus en chartreux qu'en trappiste : solitude, guichet à ma cellule pour recevoir mes aliments, repas toujours en compagnie de mon seul ange gardien, étude, prière, promenade quelquefois, toujours seul, voilà ma vie ; et, quoique ce ne soit pas très-gai, cela me va à merveille. Je n'ai pas eu encore une minute d'ennui. »

Quelques jours après, le 14 novembre, il écrivait à sa sœur, Madame Sabatié :

«..... C'était un trop beau rêve, ma bonne sœur, que de songer à me retenir à Jegun, à vivre tout près de vous deux (*), à suivre de mes yeux et à seconder les progrès des petits établissements que Dieu tient encore dans les difficultés d'un commencement humble et laborieux. J'aurais été trop heureux dans une semblable situation, et je n'eusse pas rempli les vues de Dieu, qui m'appelle au sacrifice. Cette vie doit être un temps d'expiation et de travail, non de repos et de bonheur : c'est par là qu'on arrive au vrai repos et au vrai bonheur de l'éternité.

(*) Madame Sabatié et Madame Defficux.

» Je te répète, ma bonne sœur, ce que je dis à Elisa, que je suis très-heureux et très-content ici, à part la douleur de vivre loin de vous et de vous avoir causé tant de peine en m'éloignant. Je suis bien suffisamment nourri, parfaitement chauffé ; je puis avoir des distractions si j'en veux, aller me promener dans les bois ou près des eaux vives de la montagne ; rien ne me manque, si ce n'est vous deux et la famille. Je viens de faire avec le Père médecin d'Aiguebelle un voyage qui a duré plus de huit jours. J'ai consacré deux jours à Lyon, un jour à Ars, un jour à Bourg, plusieurs à la Trappe de Dombes. J'ai vu de bien belles choses ; mais rien n'est bon et doux comme ma cellule ; j'y suis rentré avec bonheur...

» Que tu es bonne, chère sœur, d'aller t'imaginer que tu ne me donnais pas assez de soins ! Tu m'en donnais trop ! Il est bien peu de sœurs qui aient fait pour un frère ce que tu as fait pour moi. C'est donc une idée qui est sans fondement, et que tu dois repousser comme une absurdité. Oui, tu as toujours été pour moi la meilleure des sœurs, et je te conserve une bien vive et tendre reconnaissance pour toutes tes bontés ! »

Un amer chagrin vint troubler la paix que M. Monbet goûtait à la Trappe. C'est en effet pendant son séjour à Aiguebelle qu'il eut la douleur de perdre sa sœur Elisa.

« J'ai eu un bien grand chagrin, écrivait-il à son neveu, le 21 février 1869, de la mort de ma bonne sœur. Je ne puis pas me figurer que je ne la verrai plus... Oh ! que j'aurais voulu être à Jegun dans cette circonstance pour faire mon adieu à cette aimante sœur, pour pleurer avec ma famille et consoler le pauvre Raymond ! Dieu ne l'a pas voulu, et il m'a demandé là un bien grand sacrifice ! Cependant ma cellule et nos bois déserts ont seuls été témoins de mes larmes... Quand tu verras Raymond, dis-lui combien je partage sa douleur. Je voudrais pouvoir lui écrire tous les jours pour le lui dire et le lui redire encore. »

Hélas ! une douleur non moins poignante l'attendait bientôt, celle de la mort de son autre sœur, Madame Sabatié ; mais il put du moins lui adresser ce dernier adieu qu'il regrettait tant de n'avoir pas fait à sa sœur Elisa, et il fut, pour la famille désolée, l'ange de la consolation.

Un ordre de Mgr Delamare avait rappelé M. Monbet au Séminaire, où directeurs et élèves firent fête à son retour.

C'est le 29 avril 1869 qu'il quitta Aiguebelle, et lui-même en avait prévenu ainsi son neveu :

« Mgr l'Archevêque me rappelle au Grand-Séminaire, et je dois arriver sans retard. M. Villette me fixe le 1er mai : je tâcherai d'être à Auch ce jour-là. — J'ai promis comme toi obéissance à mon évêque, et je n'y veux point manquer… Aide-moi par tes prières à porter ma croix à la suite du bon Maître. »

Et, quelques jours après son retour, il écrivait à une personne qui lui était bien chère :

« L'essentiel pour nous, c'est non d'éviter la souffrance et la contradiction, mais de faire la volonté de Dieu. Vivre ou mourir, être ici ou là, dans la paix ou dans la lutte, il importe fort peu, pourvu que nous soyons selon le bon plaisir de Dieu. Je le bénis de m'avoir accordé sept mois de calme, de solitude, qui compteront, je l'espère, parmi les moins mauvais de ma vie. Ses desseins sont souvent pleins de mystères dans ce qu'il ordonne pour nous ; mais ce dont nous ne pouvons douter, c'est qu'ils sont toujours des desseins de bonté, de miséricorde. Demandez que les bons souvenirs que je rapporte d'Aiguebelle ne s'effacent jamais de la mémoire de mon cœur. »

Le vénérable abbé Chevallier, dont les forces déclinaient chaque jour, n'avait pas été étranger à l'ordre de rappel ; il se plaisait à voir en M. Monbet un successeur désigné par la divine Providence.

Celui-ci ne voulut plus avoir de relations avec l'extérieur, et la direction spirituelle des séminaristes l'occupa à peu près uniquement ; sa vie du Séminaire fut la continuation de la vie de recueillement qu'il menait à Aiguebelle.

M#gr# l'Archevêque profita néanmoins de la première vacance qui se fit dans le Chapitre métropolitain pour attacher M. Monbet d'une manière définitive à sa cathédrale : en 1871, il lui donna la stalle de M. l'abbé Moudin, qui venait de mourir. La plus scrupuleuse régularité qu'il observait en tout le reste, le nouveau chanoine la pratiqua dans les devoirs de sa charge. Son assiduité à tous les offices du chœur peut être offerte en modèle.

Du reste, l'occasion se présente de le dire : M. Monbet s'était proposé de suivre à la lettre le précepte évangélique et d'apporter, même à la plus petite œuvre, toute la perfection dont il était capable. Ses méditations écrites, les quelques sermons qu'il a prononcés, les mémoires qu'il a dû rédiger sont des travaux finis dans leur genre.

Il lui fut donné de prodiguer à M#gr# Delamare, malade et mourant, les plus tendres soins d'une affection toute filiale : il était près de M. l'abbé Villette, le vieil ami de cœur du vénéré Prélat, pour assister l'Archevêque à son lit de mort et lui fermer les yeux.

X

Mgr de Langalerie, qui fut appelé du siége de Belley à celui d'Auch, sut bientôt discerner les éminentes qualités de M. Monbet, et jusqu'à la fin il n'a cessé de lui témoigner une entière confiance. Aussi, lorsqu'en 1874, il se vit contraint de céder aux instances réitérées du saint abbé Chevallier et de le décharger des fonctions de Supérieur du Grand-Séminaire, son choix se fixa sur M. Monbet. Le jour même de la fête patronale de la Province, le 8 septembre, Nativité de la Très-Sainte-Vierge, après la grand'messe pontificale, Monseigneur, encore revêtu de ses habits pontificaux, le présenta au Chapitre métropolitain et au clergé réunis à la sacristie ; il put dire en vérité que les vœux de tous avaient devancé sa nomination. Les témoins de cette scène ont encore présente à l'esprit l'humilité profonde avec laquelle le nouveau Supérieur se précipita aux pieds de Sa Grandeur pour implorer une bénédiction qui lui obtint la grâce de ne pas succomber sous le fardeau placé sur ses épaules. Du reste, on voit se refléter dans la lettre suivante la pensée intime de son âme en un pareil moment. Il écrivait à une religieuse, sa cousine :

« Je suis encore sous l'impression ou plutôt l'écrasement du nouveau titre que je viens de recevoir, et que Monseigneur a voulu mettre sous la protection de Notre-Dame, au grand jour de sa fête. Je suis Supérieur du Grand-Séminaire depuis tout à l'heure, et vous êtes la première à qui je l'annonce, comptant sur vos plus ferventes prières. Je ne doute pas de votre désir de me voir béni dans cette œuvre si grande, si difficile, qui m'est confiée. Vous m'obtiendrez cette bénédiction, si vous devenez généreuse, fervente, humble, charitable. »

Le vénérable M. Chevallier survécut encore quelques mois et fut, de la part de tous, mais en particulier de son bien-aimé successeur, le constant objet des plus délicates attentions et d'une filiale déférence.

Aucune grande œuvre extérieure n'a pu signaler la courte administration de M. Monbet. Cependant il a préparé d'une manière effective la restauration de la chapelle, en provoquant une souscription qui a déjà fourni une somme considérable. Mais, et par ses paroles et plus encore par ses exemples, il n'a pas peu contribué à maintenir parmi les élèves du sanctuaire l'esprit de foi, de piété, de chrétienne simplicité, qui fait la gloire du clergé d'Auch. Sa seule vue portait à Dieu. Essentiellement prêtre, il avait dans ses manières et dans tout son extérieur le bon ton et l'urbanité de l'homme de la meilleure compagnie; il jouissait de ce juste équilibre d'une âme qui se possède et qui s'appuie constamment sur Dieu. Sa bonté le rendait en tout temps d'un abord très-facile, mais il avait su si bien faire comprendre qu'il lui en coûterait trop de causer une peine par un refus, qu'on ne lui demandait guère des choses peu raisonnables; par contre, la manière dont il exauçait une demande ajoutait une nouvelle grâce à la faveur.

Quoique nous n'en ayons encore rien dit expressément, il avait au plus haut degré la dévotion des grandes œuvres catholiques. De longues années il exerça les fonctions de secrétaire pour le Comité diocésain de la Propagation de la Foi et de la Sainte-Enfance; il dirigea l'Œuvre des Ecoles d'Orient, et le Denier de Saint-Pierre n'avait pas un zélateur plus dévoué. Quant aux Œuvres locales, il s'en était constitué l'homme lige; nulle ne l'a trouvé indifférent, et à peu près à toutes il prêtait un concours des plus actifs.

La devise espagnole aurait pu être la sienne : un Dieu, un Pape, un Roi.

Hélas ! depuis quelques mois sa santé déclinait à vue d'œil. Il avait dit qu'il acceptait pour trois ans la charge de Supérieur : n'y avait-il pas comme un pressentiment dans ces paroles? On concevait de sérieuses inquiétudes, qu'on n'osait se communiquer, lorsqu'il fut réduit à l'impuissance, la veille même du jour où il espérait recevoir Mgr l'Archevêque en villégiature à Beaulieu. Il manqua à la fête, et un nuage de tristesse assombrit tous les cœurs.

Le mal ne cessa d'empirer.

M. Monbet ne quitta plus le lit que quelques heures dans la journée, et bientôt même il n'en sortit plus du tout.

Mais jusqu'à la fin le bon Dieu lui conserva la lucidité de l'intelligence et une mâle énergie. Il savoura toute l'amertume de la souffrance, qui fut bien grande, pendant un mois entier. Ici même, nous avons rendu un légitime hommage aux soins empressés que, soit de jour, soit de nuit, lui prodiguèrent M. le docteur Serres et M. le docteur Boutan. Les séminaristes, admirablement aidés par Baptiste, qui est coutumier d'un semblable dévouement, firent des prodiges pour conjurer le coup fatal. Le cher malade souriait à leurs tendres efforts et oubliait sa souffrance pour leur témoigner sa reconnaissance par un mot gracieux ou du moins par un geste. Sa patience était inaltérable; mais aussi chaque nuit puisait-il sa force dans la réception de la sainte Eucharistie, que lui apportait son neveu, le digne curé du Saint-Puy, qui était accouru auprès de son oncle bien-aimé. A plusieurs reprises, le vénérable malade demanda à M. l'abbé Sabatié de l'aider à faire le sacrifice de sa vie, et avec une grande foi il répétait l'acte d'abandon et d'offrande qu'on lui suggérait. Mgr l'Archevêque vint souvent s'agenouiller auprès de son lit et le réconforter de ses paternelles bénédictions.

Huit jours avant sa mort, il communia en viatique. La cérémonie fut belle et touchante : le Chapitre, les Directeurs du Grand et du Petit-Séminaire, les séminaristes, une grande partie du clergé de la ville accompagnaient le Très-Saint-Sacrement. M. l'Archiprêtre de la Métropole, son vieil ami, lui administra ensuite l'Extrême-Onction. Les sentiments que laissait voir le cher malade émouvaient tous les assistants jusqu'aux larmes. C'est ainsi que meurent les saints, se disait-on l'un à l'autre.

Néanmoins, de tous les points du Diocèse d'incessantes et d'ardentes prières montaient vers le Ciel. On se raccrochait parfois à l'espérance; mais l'heure que Dieu avait marquée pour couronner son fidèle serviteur avait sonné. Les crises redoublèrent de violence, et le 26 juin, à une heure un quart du matin, M. l'abbé Charles Monbet passa de ce monde à un monde meilleur.

Nous avons dit déjà le concours qui eut lieu à la chambre funéraire et les marques de pieuse vénération dont le corps du vénérable défunt devint l'objet. Ainsi faisait-on pour les saints. Et certes tout nous permet d'espérer que le bon prêtre jouit maintenant, dans le Ciel, de ce Dieu qu'il a tant aimé sur la terre.

(Extrait de la Semaine religieuse *d'Auch)*